AF231260

Gutura: Iki gitabo ngituye abana ba Faith Foundation, Kigali, Rwanda.

Alain Blancbec

First published by M Davis in 2015
Iki gitabo cyavunuwe na Monique Rugambwa na Mariam Umulisa
ISBN 978-0-9931569-4-6
© 2015 M Davis
www.lespuces.co.uk

Aboneka no kuri les Puces

Ushobora gusura kurubuga rwa interineti yacu kuri www.lespuces.co.uk

Alain Blancbec

Urukwavu Charlie
n'imbuto

Uyu ni Charlie

Uyu n'Charlie.
Charlie ni
urukwavu
rw'umweru ari mu murima.
Suhuza Charlie!
"Uraho Charlie!"

Abonye iki?

Abonye iki? Udupaki tw'imbuto! Aranezerewe. Washobora gukora isura inezerewe?

Hari amashusho kuri buri paki.

Amapaki afite amashusho. Ni amashusho y'ibiti. Ni ayahe masena urikubona? Mpandenye, mpandeshatu, uruziga, urukiramende, inyenyeri na diyama. Ni iyihe sena utonesha?

Inyenyeri

Charlie arebye imbuto.
Isena atonesha ni inyenyeri.

Afashe igitiyo...

Afashe igitiyo.
Agiye mu murima.

Ni iyihe sena agiye gutera mbere?

Mpandenye

Niba uvuze "Mpandenye", urabikoze !

Iya kabiri irasa itya.
Iri muyihe sena?
Niba uvuze "mpandeshatu",
nibyo urabi koze!

Ni izihe mbuto agiye gukurikizaho? Ushobora kwerekana imbuto ukavuga ni isena zazo? Yego hari uruziga, urukiramende na diyama.

Inyenyeri!

Ubu urukwavu Charlie rurigutera imbuto yanyuma. Ifite isena atonesha - ni inyenyeri!

Umunsi wambere......

Buri munsi urukwavu
Charlie ruhora rureba
imbuto zarwo
rugategereza ko zikura.
Umunsi wambere
nacyabaye.....

...n'umunsi ukurikiyeho.

...n'umunsi ukurikiyeho nacyabaye.

Ukeneye
urumuri
rw'izuba...
SLIME

Ukeneye izuba kugirango imbuto zikure. Ushobora gukora urumuri rw'izuba ni intoki zawe?

...ni imvura!

Ukeneye imvura kugirango
imbuto zikure!
Ushobora kugwisha imvura
ukoresheje intoki zawe?

Reba! Ibiti birakuze!
Charlie arasimbuka
kubera ibyishimo.
Wasimbuka ute
birenze?

Ibiti biri gukura aribinini kandi nibyiza. Biri mw'isena y'uruziga, na mpandeshatu.

Hari n'igiti cya diyama, igiti cy'urukiramende ndetse ni igiti cyampandenye.

Charlie arababaye.

Charlie Arashobewe ushobora kwibaza ariyihe mpamvu ashobewe? Arashobewe kuberako na giti gifite isena yi inyenyeri. Ni uruziga. Urukwavu Charlie rurababaye. Ushobora kunyereka isura yawe ibabaye?

Charlie arategereje...

Ibintu bikenera igihe gihagije. Urukwavu Charlie rurategereje. Umunsi wambere nacyabaye.....

Umunsi ukurikiyeho....

Umunsi ukurikiyeho nacyabaye...

....mwijoro.

Nacyabaye mwijoro! Ushobora kwiyururutsa ukaryama?

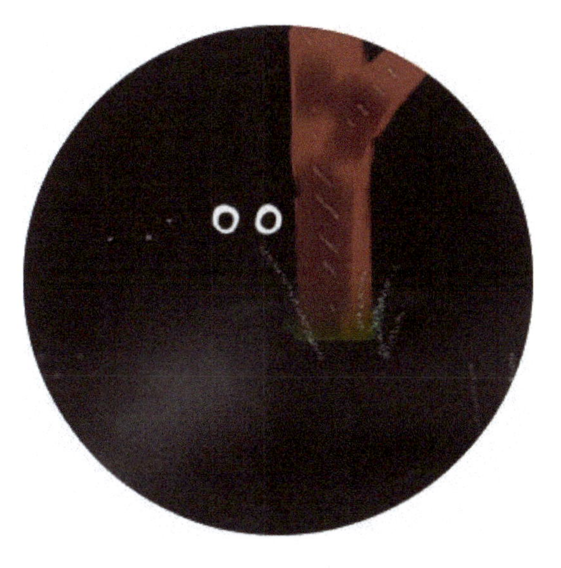

Ariko reba! Isena y'igiti uko imeze ubu? Niba uvuze "Inyenyeri" nibyo urabikoze!

Akazi keza
Charlie!
Vuga "Urabeho"
rukwavu Charlie.

"Urabeho Charlie!"

Birarangiye

The End
ABlanchee

Good work Charlie!. Say "Goodbye" to Charlie Rabbit.

"Goodbye Charlie!"

But look! What shape is the tree now? If you said "Star", well done!

Nothing happens at night! Can you pretend to be asleep?

...at night.

The next day
nothing happens...

The next day...

Some things need more time. Charlie Rabbit waits. The first day nothing happens....

Charlie waits.....

Charlie Rabbit is puzzled. Can you guess why? He is puzzled because there is no star shaped tree. It's a circle. Charlie Rabbit is sad. Can you show me your sad face?

Charlie is sad.

There is a diamond tree, a rectangle tree and a square tree.

The trees grow big and beautiful. They are shaped like a circle and a triangle.

Look! At last the trees are growing! Charlie jumps for joy! How high can you jump?

You need rain for the seeds to grow! Can you make the rain fall with your fingers?

....and rain!

You need sun for
the seeds to grow.
Can you make
sunshine with your
hands?

You need
sunshine....
SLIME

...and the next day
nothing happens.

...and the next day.

Every day Charlie Rabbit looks at his seeds and waits for them to grow. The first day nothing happens...

The first day.....

Now Charlie Rabbit is planting the last seed. It is his favourite shape - a star!

Which seeds is he planting next? Can you point to the seeds and say the shape? Yes! There is a circle, a rectangle and a diamond.

The second one looks like this. What shape is it? If you said "triangle", well done!

If you said "square",
well done!

square

Which shape will
he plant first?

He takes his spade, and goes into the garden.

He takes his spade...

Charlie looks at the seeds. His favourite shape is the star.

Star

The packets have pictures on them. They are pictures of trees. What shapes can you see? A square, a triangle, a circle, a rectangle, a star and a diamond. Which is your favourite shape?

There are pictures on the packets.

What has he found? Some packets of seeds! He is happy. Can you make a happy face?

What has he found?

Here is Charlie. Charlie is a white rabbit. He is in the garden. Say "Hello" to Charlie! "Hello Charlie!"

Here is Charlie

Alain Blancbec
Charlie Rabbit
and the seeds

Also available from Les Puces

Visit the shop on our website at www.lespuces.co.uk

To the children of The Faith Foundation, Kigali, Rwanda.

Alain Blancbec

First published by M Davis in 2015
Translated by Monique Rugambwa and Mariam Umulisa
ISBN 978-0-9931569-4-6

www.lespuces.co.uk